INSTRUCTION PASTORALE
DE
MONSEIGNEUR L'ÉVÊQUE D'AIRE ET DE DAX,
SUR L'HISTOIRE DES MOINES.

A L'OCCASION DE L'ÉTABLISSEMENT DES TRAPPISTES

Dans l'ancienne abbaye

DE DIVIELLE.

MONT-DE-MARSAN,

TYPOGRAPHIE ET LITHOGRAPHIE DELAROY,

IMPRIMEUR DE L'ÉVÊCHÉ.

1869.

INSTRUCTION PASTORALE
DE
MONSEIGNEUR L'ÉVÊQUE D'AIRE ET DE DAX,
SUR L'HISTOIRE DES MOINES.

A L'OCCASION DE L'ÉTABLISSEMENT DES TRAPPISTES

Dans l'ancienne abbaye

DE DIVIELLE.

N° 109

MONT-DE-MARSAN,

TYPOGRAPHIE ET LITHOGRAPHIE DELAROY,

IMPRIMEUR DE L'ÉVÊCHÉ.

1869.

INSTRUCTION PASTORALE
DE
MONSEIGNEUR L'ÉVÊQUE D'AIRE ET DE DAX,
Sur l'histoire des Moines,
A L'OCCASION DE L'ÉTABLISSEMENT DES TRAPPISTES
Dans l'ancienne abbaye
de Divielle.

Louis-Marie-Olivier ÉPIVENT, par la grace de Dieu et du Saint-Siège Apostolique, Évêque de la Sainte-Église d'Aire et de Dax ;

Au Clergé et aux Fidèles de Notre Diocèse, Salut et Bénédiction en Notre-Seigneur Jésus-Christ.

Nos Très-Chers Frères,

Depuis dix ans que Nous parcourons vos Landes dans tous les sens, jamais nos pieds n'ont heurté contre les saints décombres de tant de monastères qui brillaient jadis comme des émeraudes à la couronne des Évêques d'Aire et de Dax, sans que notre âme se soit sentie pleine d'une religieuse tristesse et notre cœur embrasé du désir de rassembler les pierres dispersées de ces vieux sanctuaires. Appuyé contre la dernière colonne qui était là, encore debout, comme un monument funéraire, Nous songions à ce courant de foi généreuse qui avait jadis passé sur vos terres et semé, en tant de lieux, ces asiles de la pénitence, du travail, de la prière ; Nous conjurions Dieu d'envoyer son Esprit d'autrefois, de *souffler sur ces ossements arides, afin qu'ils revivent* (1).

Au retour de chaque tournée, Nous vous racontions, N. T. C. F., ces rencontres mélancoliques, et un jour, s'il vous en souvient, Nous vous écrivîmes dans un surcroît de tristesse : « Que de fois votre Évêque a conjuré Dieu de lui envoyer un Ange du Ciel et un Ange de la terre, pour lui aider à *consoler* du moins une de *ces ruines*, à rebâtir au moins une de ces cités désertes, longtemps habitées par les saints de Dieu et qu'*habitent seuls maintenant les oiseaux du ciel* (2). Nous le disons et Nous savons être entendu de Celui *qui sonde les cœurs* (3), s'il ne s'agissait que de sacrifier un reste de vie, pour que ce vœu fût exaucé, prenez-le, ô mon Dieu ! et Nous croirons, en mourant, avoir obtenu, à vil prix, une grâce précieuse pour notre Diocèse, en le dotant d'un monument qui dominerait de sa céleste influence *la génération qui passe et la génération qui vient* (4) dans nos Landes, aux approches du temps prédit par Jésus-Christ, où *l'iniquité abondera et où se refroidira la charité de plusieurs* (5). » Mais l'accomplissement de ce souhait, un Évêque sans fortune et engagé déjà dans d'autres œuvres diocésaines ne pouvait l'attendre que du Ciel. Il n'avait que deux genoux pour en user la pierre sur laquelle il prie devant un tabernacle, et deux mains pour les joindre dans la prière qui implorait, pour son projet, un grand miracle de charité.

Et voilà que, dans un moment béni de grâce, l'Ange de la terre que Nous invoquions en secret Nous est apparu. Nous étions, N. T. C. F., aux pieds de la Vierge couronnée de Buglose. C'était au mois des fleurs, que la piété consacre à Marie, et au mois aussi de ses grandes audiences. Une voix qui semblait venir du Ciel Nous dit avec une douceur ineffable : Je mets Divielle à

---

(1) Jerem. XXXVII. — (2) Ezech. XXXI. 13. — (3) Ps. VII. 10. — (4) Eccle. I. 4. — (5) Matth. XXVI. — Mandement n° 90.

votre disposition ; appelez-y des Trappistes, afin que ce monastère, qui est encore tout debout, fasse retour à sa destination religieuse. Depuis longtemps déjà l'homme que cet Ange gardait visiblement Nous avait confié le même désir. Bientôt après, ce généreux chrétien allait recevoir la récompense de la bonne intention qui vaut l'œuvre aux yeux de Dieu; mais il laissait une héritière de sa pensée, ou plutôt sa pensée sainte remontait à sa source. Depuis qu'elle Nous a été révélée, Dieu sait à combien de portes de monastères Nous avons frappé, que de courses en France Nous avons faites ! Quinze mois s'étaient déjà écoulés depuis la vision angélique, et c'est au moment le plus attristé de notre espérance, que l'abbé de Melleray et celui de Sainte-Marie-du-Désert, encouragés par leur Révérendissime Vicaire-Général que Nous étions allé visiter à son monastère de la Grande-Trappe, Nous écrivirent cette parole si consolante : Nous désirons visiter Divielle, et si les champs en sont assez vastes pour fournir notre pain et celui des pauvres, nous irons y prier, y travailler, y mourir.

Ils sont venus, N. T. C. F., ils ont tracé les limites du domaine qui leur était nécessaire, et quand Nous avons vu leur demande agréée par cette parole de foi : *Ce n'est pas acheter le Ciel trop cher*, les plus douces larmes de ma vie d'Évêque sont tombées de ma paupière. Nous savons que Nous mettons ici une grande humilité à la gêne, Nous Nous attendons à des reproches pour une indiscrétion qui n'est plus même possible. Le nom de la donatrice est sur toutes les lèvres et dans tous les cœurs. Et puis, encore un peu de temps et la figure du monde présent aura changé, et la fondation des Trappistes à Divielle sera l'une des plus belles pages de l'histoire du Diocèse. Pendant que Nous vivons encore, hâtons-Nous donc de déposer dans les archives de toutes nos paroisses ce grand fait historique ; écrivons hardiment ce qui sera copié en tête du nouveau cartulaire de Divielle : En l'an de grâce 1869, Blanche, la noble fille du baron d'Antin, la très-pieuse dame veuve de M. Bernard Domenger, a fait concession de sa terre de Divielle aux religieux de Citeaux, à cette fin qu'ils y établissent à perpétuité un monastère de leur ordre. Et pour calmer une ravissante modestie dont Nous venons de soulever le voile, citons cette parole d'une vieille charte de donation, qui ne fait que traduire la sienne : « Moi, votre suppliant, je vous donne peu pour avoir beaucoup, de la terre en échange du Ciel, ce qui passe pour ce qui est éternel (1). »

Nous vous devions, N. T. C. F., ces détails préliminaires; car ces noms Landais qui rappellent ceux de tant d'illustres fondateurs de monastères doivent passer à jamais bénis par-delà les âges et par-delà les cieux. Nous pouvons maintenant aborder le but principal de cette lettre. La philosophie du dernier siècle avait avili le monachisme, comme tant d'autres choses saintes. Mais aujourd'hui, grâce à Dieu, le temps de l'ironie est passé. Les savants qui ont étudié l'histoire des Moines leur ont voué toute leur admiration. C'est cette histoire, N. T. C. F., dont Nous voudrions vous tracer une rapide esquisse. Vos pères ont connu les derniers religieux de Divielle; mais, après quatre-vingts ans de ruine et de mort, le dogme catholique de l'état religieux et les bienfaits dont il a inondé la terre sont presque effacés dans les âmes même les plus chrétiennes. Nous ne pouvons donc mieux souhaiter la bienvenue aux religieux qui Nous arrivent qu'en rappelant : 1° Ce qu'ils furent depuis Jésus-Christ; 2° Ce qu'ils sont maintenant encore ; 3° Ce qu'ils seront jusqu'à la fin des siècles.

I.

Bien que les Docteurs de l'Église nous proposent Elisée et Jean-Baptiste, les Thérapeutes et les Ascètes comme les modèles de la vie solitaire et cénobitique, on peut dire que c'est Jésus-Christ qui a institué l'état religieux par cette parole qui ne passera jamais : *Quiconque quittera sa famille et ses champs à cause de mon nom recevra le centuple dès cette vie et dans le siècle futur la vie éternelle* (2). L'état religieux existe donc de droit divin, sous forme de conseil et non de précepte (3). La vocation à cet état sublime est donc une grâce de prédilection que Dieu n'accorde qu'à des âmes d'élite, et il faut réfuter ici un odieux préjugé du monde, qui ne voit dans les monastères que des asiles à la misanthropie, et dans les Moines que des hommes pusillanimes ou de grands pécheurs. C'est tout le contraire qui est vrai. Le caractère du Moine, c'est la force, et pour rompre entièrement avec

(1) *Acta sanctorum ordinis benedictini*. Tom. II. p. 1092. — (2) Matth. XXI. 27. — (3) Suarez.

le monde il faut une âme magnanime. Le chrétien doit faire son salut avec crainte et tremblement, et ceux qui veulent l'assurer pleinement ont pris de tout temps le chemin du désert pour se soustraire aux périls du monde. Fais-toi Moine, disait Saint-Bernard à celui qui craignait de perdre son âme, et tu seras sauvé. Or, de tout temps, il y a eu de ces *violents qui emportent le royaume des cieux* (1). Toujours aussi il y a eu de ces âmes pures, mais tristes comme celle du Sauveur, qui ont besoin de beaucoup de mystère, de solitude, de contemplation, de silence, de pensées du Ciel.

Mais en dehors de cette grâce de prédestination, de cet attrait pour la pénitence que l'Homme de douleur inspire aux âmes les plus saintes, Dieu, qui veut à tout prix nous sauver, se sert souvent aussi de nos dégoûts du monde, de nos déceptions, de nos péchés même, pour nous *appeler dans la solitude où il parle au cœur* (2). Ces âmes détrompées aiment à se cacher pour jouir de la seule consolation qui leur reste et qui sont leurs larmes. Si le monde a des lieux salutaires pour les maladies du corps, pourquoi la religion n'en aurait-elle pas pour les infirmités bien plus redoutables de l'âme ? Et à qui confierait-on ces misères secrètes du cœur ? Serait-ce à des hommes qui souvent les ont causées et qui repousseraient ces malheureux qui implorent la pitié, comme ils repoussent le mendiant qui leur demande l'aumône ? Ainsi, N. T. C. F., la grâce de Dieu, la nature humaine et aussi la vanité du monde ont de tout temps suffi aux *hommes d'une autre voie* (3) pour les décider à tout quitter, et pour aller *s'asseoir silencieux dans la solitude* (4).

Toutefois, cette passion sublime de la solitude et de la pénitence est venue surtout de l'empreinte que le sang et les larmes de Jésus-Christ ont laissée dans les âmes. En descendant du Golgotha, les premiers chrétiens éprouvèrent cet amour des souffrances que le Sauveur leur avait léguées comme le complément de sa passion, et quand ils le virent monter au Ciel, ils ressentirent ces tristesses du désir, cette mélancolie de l'exil, qui formèrent dès lors le fond du cœur de tous ceux dont Jésus allait préparer la place. La vie n'était rien pour eux, la mort était un gain et toutes leurs pensées étaient là-haut. Ils le montrèrent avec éclat pendant les trois siècles qu'ils abreuvè-

(1) Matth. XI. 12. — (2) Ose. II. 14. — (3) Act. IX. 2. — (4) Thren. II. 25.

rent de leur sang toutes les terres du grand Empire. Ils n'entendaient que le bruit de la hache et les plaintes des victimes, qui se changeaient bientôt en cris de triomphe. Ceux qui échappaient à leur bourreaux erraient dans les déserts, sur les montagnes, loin d'un monde qui n'était pas digne d'eux. Quand les bras des bourreaux furent lassés, les chrétiens purent espérer un peu de repos. Mais, voici les Barbares qui viennent mettre le comble à toutes les précédentes calamités. Il faut voir dans les écrits des Pères quelle immense tristesse accablait alors les âmes et à quelle hauteur les Chrétiens s'élevaient pour contempler, dit Saint-Jérôme, les funérailles du genre humain. Ce fut donc au temps des persécutions et de l'invasion des Barbares, que parurent les Moines, et, une fois le courant établi, tous les déserts furent bientôt peuplés. Paul, le premier solitaire connu, va s'ensevelir, à vingt-deux ans, dans une caverne comme dans un tombeau. Antoine, Pacôme, Hilarion, les deux Macaire, le suivent de près. Ces grands hommes rassemblèrent bientôt tant de disciples, que le seul monastère de Tabenne renferma sept mille religieux, et, dans une réunion annuelle, Saint-Jérôme en a compté cinquante mille. Tous les plus beaux génies des premiers siècles, Saint-Ephrem, Saint-Basile, Saint-Grégoire de Naziance, ont goûté de la vie érémitique, et Saint-Chrysostôme disait à tout l'univers : Allez en Egypte, et vous verrez le désert surpasser en dignité le Paradis même.

Mais, voici Saint-Athanase, le patriarche d'Alexandrie et de tous les Moines de la Thébaïde. Il a vu de près ces religieux et observé leur vie angélique. Trois fois exilé par l'hérésie couronnée, il passe trois fois dans les Gaules. A Milan, il convertit le jeune Augustin par le seul récit de la vie d'Antoine, qu'il avait écrite. A Trèves, il rencontre Saint-Martin de Tours, déjà instruit par Saint-Ambroise de l'excellence de l'état religieux et plein d'attrait pour la solitude. C'est ce grand apôtre de nos Gaules qui fut comme le générateur des Moines d'Occident, et son monastère de Ligugé, si admirablement relevé par le successeur actuel de Saint-Hilaire, passe pour le premier monastère de France. D'autres ensuite s'élèvent partout comme des forteresses contre le paganisme et la barbarie qui dominaient encore sur nos terres. L'Irlande et l'Armorique accueillent ces conquérants pacifiques. De même que les Évêques ont fait la France, comme les abeilles font leurs ruches, de même aussi les Moines ont fait l'Angleterre civilisée, en domptant presque seuls la vieille férocité d'Albion. Partout enfin, en Occident, on bâtit des monastères ; partout on voit s'épanouir ces fleurs du désert, on entend ces harpes mystérieuses qui chantent le jour et la nuit, on admire ces flambeaux de foi et de science qui, depuis déjà plusieurs siècles, inondaient l'Orient de leur splendeur céleste.

Cependant, N. T. C. F., l'ordre monastique n'existait pas encore régulièrement. Ces Moines que nous voyons dès le 5e siècle vivre en grand nombre, parmi les vieux Gaulois, ne s'étaient retirés du monde que par cet instinct de foi qui tourmente toute âme, quand elle songe à l'éternité. Ils n'avaient encore, pour orienter leur vie, que les préceptes du Décalogue, les conseils de l'Évangile, les canons de l'Église, les règles que Saint-Basile, Saint-Augustin, avaient données à leurs pères d'Orient, celles que Cassien, la gloire de Lérins, traça pour l'Occident, et les traditions venues de plus anciens monastères de Condat (1), d'Agaune (2), de Noirmoutier. Ces monastères ne conservaient aucune dépendance les uns des autres ; chacun suivait ses pieux usages, et il fallait un homme suscité de Dieu pour concentrer toutes ces lumières éparses.

Le Ciel le fait naître, N. T. C. F. (3). C'est le fils d'un patricien romain. Benoit est son nom, et dès l'âge de quatorze ans il se retire dans les âpres rochers du Subiaco. De la caverne qu'il habite, du buisson d'épine où il se roule pour éteindre une flamme impure, vont sortir, comme des volées d'oiseaux, des disciples imitateurs de sa solitude et de ses austérités. Il écrit sa règle sous le regard de Dieu, au flambeau de l'éternité. Tout ce qui portera désormais le nom de Moine, Bénédictins, Cistersiens, — et ceux qui nous viennent sont de la famille, — tous vivront et mourront sous le joug de cette règle, qui, avec l'onction de la grâce, est doux et léger. Cette règle devient une sève vigoureuse qui produit une nouvelle germination de monastères. Toutes les provinces veulent avoir des enfants de Benoît. Ils s'en allaient avec le livre qui fait les Saints, fonder chacun un monastère qui devenait bientôt une grande cité, un siège épiscopal. On a calculé (4) que les trois huitièmes des villes de France doivent leur origine à quelque Saint religieux.

(1) Saint-Claude, dans le Jura. — (2) Dans le Valais. — (3) En 480. — (4) Le P. de Longueval, *histoire de l'Eglise gallicane*.

La fondation d'un monastère, c'était le luxe des riches d'alors, et les Évêques, les Princes, les Seigneurs, attiraient à l'envi les Moines dans leurs domaines. Clovis les exempta de toute contribution. Il ne voulait pas, disait-il, diminuer le pain que les religieux pétrissaient avec leurs sueurs pour les pauvres, et d'anciennes chartes de fondation nous apprennent encore que tel monastère ne devait rien au Roi, hormis des prières. On sait tout ce que le second fondateur de notre monarchie, Charlemagne, a fait pour la Papauté et pour les Moines. Guillaume-le-Conquérant couvrit de monastères les rivages de sa Normandie et de l'Angleterre, sa conquête. Sur le point de dire adieu à toutes les grandeurs du monde, il se consolait par le souvenir du bien qu'il leur avait fait et par l'espérance qu'ils prieraient pour le repos de son âme. Il n'était pas même rare de voir les princes de ce temps renoncer à une couronne terrestre, pour s'assurer la céleste couronne. Saint-Cloud, Carloman, les familles royales de la Gaule, de l'Angleterre, de l'Armorique, nous fournissent d'innombrables exemples de ce renoncement.

Après le grand législateur des Moines, Saint-Colomban, Robert d'Arbrissel et surtout Saint-Bernard vinrent à leur tour semer les monastères dans les champs de la France, comme la bonne semence de l'Évangile, qui produit des fruits au centuple. Ils étaient parfois tellement rapprochés, comme dans vos Landes, que le voyageur pouvait mesurer sa course de manière à faire halte chaque soir dans l'un de ces asiles hospitaliers. Mais ce qui frappe encore aujourd'hui le visiteur de ces monastères en ruines, c'est l'admirable choix du site où les Moines plaçaient leurs demeures. C'était au pied du rocher au sommet duquel l'aigle fait son aire, dans une gorge de montagne, sur un plateau solitaire, souvent aussi au fond de la vallée, mais toujours près d'un courant d'eau, que ces amants de la solitude allaient suspendre un nouveau berceau pour les enfants de leur ordre. Le nom qu'ils donnaient au lieu choisi disait assez tous les charmes qu'il procurait aux regards, au cœur et à l'âme de ses habitants. Vous Nous accuseriez, N. T. C. F., de vouloir surprendre vos oreilles par toutes les harmonies de la terre, si Nous citions les noms enchantés, écrits encore sur la dernière pierre qui reste du monastère : Beaulieu, Beaurepaire, Aiguesbelles, Clairefontaine, Vallombreuse, Champfleuri, voilà pour les beautés de la nature dont l'homme ne se lasse jamais. Bon repos, la Charité, la Joie, la Paix de Dieu, c'est le cœur soulagé de l'homme qui a inventé tous ces noms consolateurs. Bonne-Voie, Mont-Salut, la Grâce de Dieu, le Paradis et la Sainte-Croix, et Sainte-Marie et le Sauveur, invoqués sous mille noms divers, autant de noms qui rassurent les âmes craintives et tremblant encore sous le froc pour leur éternité.

II.

Nous Nous oublions, N. T. C. F., sur cette route des siècles, plantée de monastères comme des jalons qui indiquent le chemin le plus sûr pour arriver au Ciel. Nous n'avons fait pourtant que jeter un coup d'œil rapide sur ces monuments dont la ronce et le lierre cachent les débris en tant de lieux. Il est temps d'entrer dans l'un de ces asiles, qui s'est relevé de dessous l'herbe, pour savoir ce qui s'y passe. Ce qu'ont fait les solitaires depuis Jésus-Christ, ce qu'ont fait les Moines depuis Saint-Benoît, ils le font aujourd'hui encore. Observons-les donc dans leur train de vie et nous admirerons leur charité, leurs travaux, leurs prières et le bonheur dont ils jouissent en présence de Dieu, en face de la nature.

Transportez-vous, N. T. C. F., sous un cloître de Trappistes et remarquez d'abord l'accueil empressé qui vous est fait. Chose admirable ! dit Saint-Augustin, les Moines qui semblent se passer du reste des hommes ne peuvent se passer de les aimer. Quand l'hospitalité fut exilée du monde, c'est dans les cloîtres que s'est réfugiée cette vertu, si chère aux Anges, qu'ils sont quelquefois descendus du Ciel pour la recevoir sous des figures d'hommes. C'est ici même un point capital de la règle monastique. Tout y est minutieusement décrit sur la manière de recevoir les hôtes. Que les étrangers, dit-elle, soient reçus comme si c'était Jésus-Christ lui-même. Aussi l'hospitalité des monastères est encore en souvenir traditionnel. Saint-Martin-des-Champs et Cluny furent longtemps surnommés l'auberge de la France entière. Voici donc un Père qui vient vous saluer à votre arrivée. Il vous accompagne partout, et pour vous il rompt son perpétuel silence. Mais, à part cette parole rare et brève, tout se tait autour de vous. Les murs seuls vous parlent par les graves sentences qu'ils portent écrites. Vous n'entendez au dehors que les tintements de la cloche, les bêlements des agneaux, les mugissements des bœufs travailleurs ou le bruit monotone du moulin. Toutefois, vous ne visiteriez pas sans profit ces hommes de silence. Quelles pensées sérieuses vous arrivent quand vous les voyez marcher, l'air pensif, sous ces grands arbres qui ne s'épanouissent, comme eux, que du côté du ciel ! On dirait des morts dans leur suaire, ou plutôt des Anges vêtus de blanc, quand ils passent, avec leur coule en longues files. L'âme du visiteur se recueille, il comprend mieux le but de la vie, en observant la vie de ces Moines qui, comme l'a dit l'un d'eux, « parlent peu et travaillent beaucoup (1). »

Le travail ! Après la prière, ce fut de tout temps l'occupation principale des Cénobites. On les voyait dans la Thébaïde tresser la natte sur laquelle ils devaient mourir. Tous les Pères de l'Église, tous les auteurs des Constitutions monastiques, leur ont fait un précepte du travail des mains. Nous avons encore le beau traité de Saint-Augustin sur le travail des Moines. Dans l'ordre des Citeaux, personne n'en est exempt, et le rang, l'autorité, encore moins le talent ou la naissance ne sauraient en dispenser. Saint-Bernard, trop faible d'abord pour scier le blé, se vantait d'être devenu à la fin bon moissonneur. La règle ne voit dans tous les religieux que des enfants d'Adam, qui ne doivent *manger que le fruit du travail de leurs mains* (2). Saint-Benoît répète encore à ses fils qu'il Nous envoie, ce qu'il dit au bûcheron dont il avait miraculeusement retiré la cognée du fond d'un lac : Prends ton outil, travaille et console-toi. Et chacun voyant tout ses frères à la besogne, travaille lui-même avec patience et contentement.

Mais pour arracher leur pain à la terre, il leur faut des champs propres à la culture. A qui les demanderont-ils ? A personne ; ils les feront eux-mêmes. Ils croient fermement que Dieu n'a rien fait de stérile, que la terre la plus ingrate recèle un trésor, que tout sol a sa loi providentielle, et vous ne le nierez pas, vous, Landais, dont les sables arides nourrissent des pins altiers qui suent des paillettes d'or. Ils ne demandent donc, pour premier établissement, qu'un vaste domaine, et ils se chargent ensuite de le faire produire. Aussi, N. T. C. F., c'est dans les landes et les forêts qui couvraient jadis les deux tiers des Gaules, qu'on les a vus s'enfoncer de préférence. L'abbé précédait les travailleurs, tenant d'une main une croix de bois, de l'autre un bénitier. Arrivé au centre des broussailles, il aspergeait la terre de l'eau

(1) Imit. lib. I. C. 25. — (2) Ps. CXXVII. 2.

sainte, il y plantait sa croix, et puis les essarteurs se mettaient à l'œuvre. Une clairière s'ouvrait dans la forêt et fournissait la première récolte. Chaque année, le champ s'élargissait, et bientôt, dans une plaine immense, le vent bruissait à travers des épis jaunes, là où l'on n'avait jamais entendu que le sifflement des serpents. Ce n'est pas tout ; ils assainissaient les lieux les plus insalubres, ils opposaient des digues aux flots de la mer, aux cours des fleuves torrentueux ; ils desséchaient les marais, et sous l'action de leur travail, la Vallée-d'Absinthe, comme s'appelait Clairvaux, devient une vallée pleine de lumière, aux gras pâturages. Partout où le Moine plonge sa bêche, tout réussit. La fertilité qu'il trouve au désert, c'est l'adjonction que Jésus-Christ a promise, en dehors de compte, à ceux qui cherchent d'abord le royaume de Dieu. A eux donc les plus beaux jardins, les vergers les mieux plantés ; à eux les fruits les plus succulents, des légumes en abondance. Ce sont eux qui ont greffé les pommiers de Bretagne et de Normandie, eux qui ont discipliné les abeilles, eux qui ont couvert de vignes les bords du Rhin et les coteaux de Johannisberg. Nous vous fatiguerions, N. T. C. F., si Nous vous faisions suivre tous les sillons que la charrue des Moines, surmontée de la croix, a tracés dans les Gaules sauvages. *Cruce et aratro.*

La terre est à Dieu et Dieu la donne pour nourricière à ses enfants ; mais ce sont les enfants de Dieu que cette mère laisse plus volontiers presser ses mamelles, et il faut toute la grande miséricorde du Père céleste pour faire tomber sa pluie sur les champs des pécheurs comme sur ceux des justes. Vous, gens du monde, qui ne cherchez que *la graisse de la terre*, sans vous soucier de *la rosée du Ciel* (1), vous essayez vainement d'atteindre la belle culture de ces vieux laboureurs de l'Europe. Vous avez vos comices agricoles, vous ouvrez des fermes-modèles, vous enseignez de savantes théories sur les engrais, sur le drainage, sur les assolements, et la religion est bien éloignée de blâmer ces essais généreux. Mais voici des hommes qui, depuis quatorze siècles, font en France toutes ces choses utiles, avec intelligence et succès. Vous parlez de l'organisation du travail. Attendez encore un jour, et vous verrez, à Divielle, tous ces Moines qui descendent du coteau, la

(1) Gen. XXVII. 28.

gerbe sur l'épaule, et vous Nous direz si le travail n'y est pas merveilleusement organisé. Vous vous préoccupez d'économie sociale, et comme le mot de charité vous brûle les lèvres, vous lui substituez le nom radicalement absurde de philanthropie ; mais, avec quelques arpents de terre, essayez donc de nourrir, comme autrefois à Fontevrault, trois mille pauvres chaque jour. Ingrats et insensés ! vous excluez Dieu de vos affaires, et c'est Dieu pourtant qui, par bonté, vous accorde quelque succès dans votre labour. Le catholicisme, avec sa grappe et son épi, bases de l'alimentation de l'âme et du corps, a révélé les vraies richesses que possède la terre. Nul progrès, en aucune chose, qui ne découle d'un principe divin, et, en agriculture, tout vient de Dieu qui condamne l'homme à labourer la terre, et de la bénédiction qu'il répand sur ses travaux.

Ce travail des Moines, qui a changé la face de la terre d'Europe, N. T. C. F., n'est pourtant que le moyen et non le but qu'ils se proposent dans la vie. Ces fugitifs du monde n'ont apporté que leur âme au monastère, et le monastère est le creuset où l'âme épure toutes ses affections ; c'est le moule où se fondent les Saints. Le travail réprime le coursier qui porte l'âme, mais la prière est d'une nécessité de moyen plus incontestable encore pour le salut. Aussi le Moine a toujours vécu de prières et de psalmodies, comme l'oiseau vit d'air et de chant, et sa prière est encore plus utile à la Société que ses labeurs. Souvent l'aurore trouvait les anciens solitaires les genoux ployés à la même place où les avait laissés le crépuscule du soir, et pourtant leur prière n'était pas encore achevée. O soleil ! s'écriait l'un d'eux, pourquoi viens-tu m'enlever la splendeur qui ravissait mon âme ? Quand le voyageur passait la nuit près d'une laure de Cénobites, il s'arrêtait pour écouter leurs chants et il se demandait si ce n'étaient pas les concerts du Paradis. Saint-Benoît a fait de la prière l'exercice suprême de ses religieux, et les Trappistes ne consacrent pas moins de huit heures par jour à cet angélique ministère. Pendant que les hommes oublient, dans leur sommeil, Dieu et la prière, le Moine se lève et veille seul sur le monde endormi. Au temps où l'on croyait encore à la toute-puissance de la prière, on a entendu des princes, des chefs d'armée dire, dans de pressants dangers : Tenez bon jusqu'à minuit, ce sera l'heure où nos Moines se mettront à prier pour nous, et tout péril sera conjuré.

Nous sommes toujours, N. T. C. F., dans un monastère de Trappistes. Il est minuit ou au plus tard deux heures après minuit. Les Moines quittent leur couche dure, et, d'un bond, ils sont debout avec leurs vêtements de laine qu'ils gardent même pour dormir. Voyez-vous ces ombres blanches qui s'avancent silencieuses sous les arceaux du cloître? Elles vont se placer dans ces rangées de stalles que vous voyez au fond de la chapelle. Tous les fronts se prosternent d'abord jusqu'à terre; puis ils se relèvent, et des voix graves ou plutôt une seule grande voix se fait entendre. Les vieux cantiques du Psalmiste qu'elles chantent vous redisent les cris d'amour et de repentir, d'espérance et de crainte, que les âmes justes et pécheresses font monter, depuis tant de siècles, vers le Ciel. L'aurore ne paraît pas encore et les religieux prêtres sont déjà à l'autel. Puis, à l'aube du jour, chacun s'en va à son travail; mais, dans la journée, ils reviennent souvent vers le sanctuaire; car leur prière, comme l'Évangile le conseille, est perpétuelle. Jusque pendant le repas unique, un coup de sonnette se fait entendre; tout mouvement et tout bruit cesse; chacun songe à l'éternité, et un nouveau signal permet à tous de continuer leur réfection. Quand les ombres de la nuit tombent et qu'un jour a passé comme toute une vie d'homme, ils prient encore ensemble une dernière fois. C'est la prière de Complies, la prière qui ferme la journée, qui fait songer à la fin de la vie, au sommeil de la tombe, au repos éternel. Les voix qui chantent deviennent de plus en plus faibles, comme celle d'un mourant, et quand on croit que tout est achevé, un cri suprême s'échappe de toutes ces poitrines. Qui de vous, N. T. C. F., n'a pas entendu parler du *Salve Regina* des Trappistes? Et vous qui l'avez ouï chanter au monastère, son seul souvenir ne vous remue-t-il pas encore les profondeurs de l'âme? Avez-vous pu oublier ce premier éclat de voix qui entonne l'antienne, ces longues poses sur la même note, ces reprises de la même syllabe, ces prolongements de chant jusqu'à perdre haleine, ces cris de détresse, ces accents d'espérance, que ces fils exilés d'Ève poussent vers la douce Vierge Marie, pour la conjurer de leur montrer son Fils, après cet exil.

Or, Nous vous le demandons, à vous, bons chrétiens, qui connaissez la justice et les miséricordes du Seigneur, quel contre-poids toutes ces prières ne doivent-elles pas faire dans la balance qui pèse les crimes de la terre? N'est-ce pas la prière du Moine qui, dans les tourmentes du moyen-âge, a sauvé le monde de tant de catastrophes ? N'est-ce pas le Moine qui de tout temps a rassuré, par ses prières, le riche contre les dangers de la vie et surtout contre les épouvantements de la mort ? Les rois voulaient mourir entre leurs bras. Les seigneurs, dans leurs testaments, n'oubliaient jamais de faire la part du monastère voisin et de recommander leur âme à ses suffrages. Ils demandaient presque tous à être inhumés parmi ces hommes de la solitude, et dans ces rapports du Monde et des Moines, pendant la vie et après la mort, il y avait des harmonies touchantes qui sont aujourd'hui malheureusement oubliées. Le culte des tombeaux y brillait de tout l'éclat qui vient de la foi. Par ces fondations de messes, d'anniversaires à perpétuité, le mourant prévenait sagement l'oubli des vivants pour les morts, qui se glisse si vite hélas ! dans le cœur des parents les plus proches, des amis les plus obligés. Il descendait avec moins d'effroi dans sa tombe, quand il l'avait creusée par avance à l'ombre d'un cloître où l'hymne de la prière retentirait pour lui chaque jour, non loin de l'autel où un sang divin offert pour son âme irait la soulager dans un brasier, ou la réjouir dans le lieu des rafraîchissements, de la lumière et de la paix.

On l'a dit, N. T. C. F., l'homme qui vit au désert, sans application de son âme par la prière et de son corps par le travail, c'est un démon solitaire. Saint-Benoît, qui connaissait si bien la nature humaine et *les profondeurs de Satan* (1), a donc prescrit ces deux grandes occupations, en tête de ses Constitutions, pour apprendre à ses religieux à lutter contre l'esprit mauvais, sous la règle commune. Mais il est une autre lutte que le Saint appelle le combat singulier contre les tentations de la chair et de la pensée. Pour vaincre celles-ci, il y a la discipline, mais toujours prise avec prudence ; il y a le jeûne qui peut seul chasser ce genre de démon ; il y a le conseil de Saint-Paul qui dit à tous les chrétiens qu'il est *bon de ne pas manger de viande ni de boire de vin* (2). Ce n'est donc que la vie chrétienne, telle que l'entendaient Jésus-Christ et les Apôtres, que les Trappistes observent dans leurs monastères. Et ici, N. T. C. F., il faut encore redresser l'opinion du monde qui exagère les austérités du cloître, jusqu'à les rendre effrayantes et comme impossibles. Ce sont là des idées romanesques qui élèvent la vertu

---

(1) Apoc. II. 24. — (2) Rom. XIV. 21.

à perte de vue, dans une région inaccessible au commun des hommes. Non, le Trappiste n'est pas un cadavre ambulant, ce n'est pas un cœur flétri, un esprit chagrin, une âme en peine, qui ne fait entendre que ce mot lugubre : Frère, il faut mourir. Il ne fait rien de surhumain, rien même qui dépasse les forces ordinaires de la nature, et il y a par le monde une infinité d'hommes qui sont plus à plaindre que lui, sous tous les rapports matériels. Le monastère est la vigne de l'Évangile où l'on admet les ouvriers de la onzième comme de la première heure. Le Père de famille a grand soin de proportionner le poids aux forces de chacun, en sorte, dit la règle (1), que personne ne soit jamais oisif, ni jamais surchargé. Chez les religieux, l'âme et le corps sont également consacrés à Dieu, et, en ne cherchant que le salut de son âme, il trouve en surplus la santé du corps. Ce qui le prouve, N. T. C. F., c'est la longévité bien connue des Moines. Une légende Armoricaine nous parle d'un monastère situé dans un lieu beau comme le Paradis, où les Moines vieillissaient sans pouvoir mourir. Ennuyés d'attendre leur éternelle récompense, ils s'en plaignirent à leur abbé, qui les transporta dans un autre lieu où la mort reprit ses droits. Mais, là encore, elle fut assujettie à ne prendre chacun que suivant son âge, et pas un jeune Moine ne se permettait d'entrer au Ciel avant son aîné. (2)

Vous qui placez le bonheur là où il ne se trouva jamais, qui regardez le Trappiste comme un malheureux et sa vie comme une longue misère, quand bientôt vous irez le visiter à Divielle, il parlera par charité, par pitié pour vous. Il vous dira : *Je surabonde de joie* (3), *il fait bon d'être d'ici* (4), et pas un religieux, depuis Jésus-Christ, qui n'ait tenu le même langage. O désert, écrivait Saint-Jérôme à un ami, ô solitude émaillée des fleurs du Christ et qu'enchante la familiarité de Dieu ! Que fais-tu, mon frère, dans le monde, avec ton âme plus grande que le monde? Jusques à quand resteras-tu dans le cachot enfumé des villes ? Ah ! crois-moi, je ne sais comment il se fait que je vois ici plus de lumière (5). Bon Dieu ! disait souvent Saint-Bernard à ses religieux, que de bonheur vous procurez à vos pauvres ! Vous savez tous, N. T. C. F., ce que dit un autre religieux : la cellule bien gar-

(1) C. XIX. — (2) *Albert le Grand*, nouv. éd., page 53. — (3) II. Cor. VII. 4. — (4) Matth. XVII. 44. — (5) Tom. IV. Benedict.

dée devient douce (1), si douce qu'elle arrachait cette plainte amoureuse à un Moine qui la quittait, pour aller remplir un haut ministère près d'un grand roi. Adieu, ô ma chère cellule, douce et bien-aimée demeure, adieu pour toujours. Je ne verrai plus le grand arbre qui te couvrait de ses branches, au doux murmure, ni les arbustes dont la chevelure te couronnait de fleurs. Je n'entendrai plus les oiseaux qui chantaient Matines avec nous (2).

Et comment, N. T. C. F., ces anges de la terre ne seraient-ils pas heureux ? Le royaume de Dieu est dans leur cœur, ils portent leur âme entre leurs mains, ils ont réduit leur corps en servitude ; ce sont des rois qui dominent de bien haut le monde, les passions, et l'Enfer, qui font trembler les démons et qui les combattent, comme en se jouant. La terre leur prodigue tous ses trésors et même les animaux de la forêt se familiarisent avec eux. Les légendes des anciens solitaires nous parlent souvent de l'empire qu'ils exerçaient sur les oiseaux et sur les bêtes fauves. Qui ne connaît le corbeau de Paul l'ermite, celui de Saint-Benoît, la biche de Saint-Gilles, le loup de Saint-François-d'Assise et les ours de Saint-Colomban ? Pas un exemple qu'un religieux ait été dévoré par les bêtes féroces ; pas un exemple non plus qu'il les ait poursuivies pour s'en défaire. Au contraire, quand le chasseur pressait une proie de sa meute, elle s'enfuyait vers la grotte de l'ermite, comme vers un ami protecteur, et c'est ainsi qu'on a quelquefois découvert la retraite ignorée de quelques saints ermites.

Nous avons à peine fait entrevoir les merveilles que nous offre la vie des Moines et les bienfaits dont la Société leur est redevable. Mais c'en est assez, pour avoir le droit de dire aux hommes de bonne foi : Avez-vous jamais connu, dans aucun temps et chez aucun peuple, des citoyens plus utiles ? Ces hommes qui prient pour vous, qui ne se fatiguent d'aucun labeur, qui travaillent sans salaire, est-ce de la tolérance qui leur est due, ou bien de l'admiration ? L'admiration des hommes, ils n'y tiennent pas, ils ne demandent qu'une chose à la Société, la liberté de lui être utile. Mais cette liberté du bien l'ont-ils toujours obtenue ? Oui, jusqu'aux principes de 89 qui les déclarèrent incompatibles avec l'évolution de la Société. Alors c'était le temps de la philosophie, du libertinage, et leurs chastes visages faisaient

---

(1) Imit. I. 20. — (2) *Alcuini abbatis opera*. Lutetiæ, 1617, p. 1731.

rougir des fronts audacieux et impurs. Démolisseurs de monastères, vous en vouliez surtout à leurs biens, et pour pallier votre injustice, vous leur reprochiez leur relâchement. Le fait, eût-il été aussi vrai que vous le criiez haut, ne prouverait rien contre l'état monastique, pas plus que vos rapines ne prouvent contre la religion que vous professez. Ces terres que vous leur arrachiez n'étaient, sous vos pères, que des terres stériles que leurs mains, en s'abaissant vers elles, avaient fertilisées, quand elles n'étaient pas élevées vers le ciel. On vous a entendus dire à cette époque : En abolissant les ordres religieux, nous faisons une opération excellente pour l'humanité et pour les finances ; et l'on vous répondait : Vous faites comme les sauvages qui coupent l'arbre, pour en avoir les fruits. Vous déclariez que les hommes sont nés et demeurent libres, et vous leur refusiez la liberté de garder l'habit qu'ils portaient depuis tant de siècles et qui avait été illustré par les plus grands génies et les plus grands saints. Cet habit vous faisait si peur que votre loi de haine et de folie édictait « que les costumes religieux étaient abolis et prohibés pour l'un et pour l'autre sexe, et que les contraventions seraient punies *comme délits contre la sûreté générale.* » Nous en avons connu, dans notre jeunesse, de ces religieux, de ces religieuses, que vous aviez jetés sur la rue avec soixante francs au moins de pension annuelle. Nous Nous rappelons encore ces hommes vêtus d'un habit séculier, qu'ils portaient d'un air gêné, comme un déguisement. Il nous semble encore les voir, ces veuves de leurs monastères, étrangement vêtues de noir, le front voilé comme autrefois, avec un livre dont la couverture et les fermails disaient assez d'où il venait, et dans lequel elles récitaient, à l'église publique, avec tristesse, ce qu'elles chantaient naguère avec tant de joie dans le chœur fermé de leur maison sainte.

Mais depuis que votre crime d'impiété et d'avarice est consommé, qu'avez-vous gagné ? Nous ne plaidons plus ici la cause de la Religion, Nous plaidons la cause de la Société, de la Patrie. Ces monastères dont les ruines attirent encore une admiration qui appartient beaucoup plus à leurs anciens habitants, qu'en avez-vous fait ? Quelques casernes, quelques écuries, quelques prisons, quand vous n'en avez pas vendu les pierres par charretées. Et ces champs tout imbibés de la sueur des Moines et de la rosée du Ciel, que sont-ils devenus ? Vous les avez cédés à vil prix, et comme Henri VIII d'Angleterre, votre modèle, deux ans 'après vous faisiez banqueroute. Mais le laboureur qui se trouvait si à l'aise avec les Moines, mais les pauvres qu'ils nourrissaient, les âmes surtout à qui ils enseignaient l'art du bien vivre et du bien mourir, les cœurs innocents ou repentants qui n'ont plus la liberté de faire leur salut comme ils l'entendent, vous leur avez impitoyablement arraché leurs consolations du temps, leurs espérances de l'Éternité. Ah ! *Malheur à vous, scribes, malheur à vous, pharisiens hypocrites, parce que vous fermez aux hommes le royaume des cieux ; vous n'y entrez pas et vous ne laissez pas même libres ceux qui veulent y entrer* (1).

III.

Cependant, N. T. C. F., le monde incrédule et cupide n'en a pas encore fini avec les Moines. Ils ont jeté de trop profondes ruines dans tous les temps et dans tous les lieux pour que ces arbres de vie ne se recouvrent pas, dans l'avenir comme par le passé, de branches neuves, de fruits et de fleurs. On l'a dit, les Moines et les chênes sont immortels. Les ravageurs de monastères sont tous sortis des rangs des impies et des voleurs, et il a fallu leur profonde ignorance des choses de l'homme et de la Société, pour changer tant de chefs-d'œuvre de la Religion en monuments de démence. Mais c'était le temps de la Révolution et la Révolution depuis n'a pas changé ; car son génie est celui du mal, éternel comme l'Enfer, toujours *opposé à tout ce qui est appelé Dieu ou honoré comme appartenant à Dieu* (2). Nous la voyons encore dépouiller Pie IX, incamérer, comme elle appelle son sacrilège, les biens de l'Église, et dès qu'elle s'établit chez une nation, son premier décret c'est pour proscrire les ordres religieux et pour s'emparer de leurs biens. Au nom d'un droit nouveau, les politiques modernes laissent passer tous ces larcins et ils ne voient pas que la révolution est encore plus affamée après avoir englouti, comme un poison, la substance du pauvre ; et ils s'étonnent, quand la révolution s'approche du Souverain, pour lui arracher le sceptre parce qu'il est d'or et l'autorité parce qu'elle sanctionnera les confiscations de la révolution, que le pouvoir légitime admettait en principe.

(1) Matth. XXIII. 13. — (2) II. Thess. II. 4.

De son côté aussi, N. T. C. F., Dieu n'a jamais manqué de venger ses Saints. L'histoire à la main, Nous défions tous ces pilleurs de couvents de Nous citer une seule nation qui ait profité de pareilles rapines, une seule dynastie qui ait survécu à ses édits de spoliation. Les Tudor d'Angleterre ont disparu avec les Moines, et les Moines, au contraire, que la tempête avait dispersés, sitôt qu'il se fait un peu de calme dans le ciel, Nous les voyons revenir, toujours bons, toujours dévoués, indulgents même pour leurs persécuteurs. L'Église, dit l'Évangile, est un grand arbre et les ordres religieux en sont les rameaux. Le vent qui souffle en tempête pourra bien en briser quelques-uns ; mais la sève inépuisable qui circule dans l'arbre en produira d'autres. Le bon arbre ne cessera jamais de donner de bons fruits. Il en sera ainsi de l'Église et des Moines, jusqu'à la fin des temps.

Pour reconnaître, N. T. C F., cette admirable Providence qui garantit généralement aux ordres religieux l'immortalité des âges, il suffit de jeter un regard en particulier sur les Trappistes qu'elle nous envoie. Ce sont des enfants de Citeaux, et ceux-ci ne sont qu'un ramage de la grande famille bénédictine. Le nom de Trappistes leur est venu du monastère de la Trappe, dans le Perche, surtout depuis la réforme sévère qu'y introduisit Armand-Jean le Bouthillier de Rancé, neveu de l'un de nos Évêques d'Aire. Au temps où les Abbayes étaient pour la plupart des marchandises de cour, il en devint abbé commandataire. Touché par une grâce insigne, il passa d'une vie mondaine à une vie tout angélique. Il s'enferma dans son monastère, et, en remettant dans toute sa vigueur la loi du travail, il y fit refleurir toutes les vertus des anciens Moines. Cette ferveur se soutint jusqu'à l'époque de notre grande révolution.

Les Trappistes avaient espéré un instant d'échapper au décret qui proscrivit alors tous les ordres religieux. La catholique Normandie s'était levée comme un seul homme, pour réclamer le maintien d'un monastère qui était sous sa garde depuis plus de sept siècles. Mais un rapport fait à ce sujet concluait « que cet établissement n'était fondé que sur un renoncement anti-social à la patrie et *aux plus doux sentiments de l'humanité !!!* » Il fallut partir. Un Moine énergique, Dom Louis-Henri de l'Estrange, se mit à la tête des exilés. Pendant un quart de siècle que dura le bannissement, il parcourut avec ses religieux les vallées de la Suisse, les forêts de l'Amérique, les bruyères de l'Irlande et jusqu'aux glaces de la Russie. L'orage s'apaise ; il revient en France avec nos vieux rois et il y ramène une partie de ses religieux. Une génération de Moines s'en était allée, une autre était venue et il en restait encore assez au Père Augustin pour repeupler en même temps la grande Trappe, Melleray, Aiguesbelles et Bellefontaine. Ces monastères étaient sans toiture, mais, malgré la profanation, on y respirait encore la bonne odeur de Jésus-Christ, que les saints laissent partout où ils ont fait longtemps leur demeure, et la pierre détachée de la paroi, sur laquelle le Moine s'asseyait pour pleurer de joie au retour, semblait faire entendre des voix célestes qui consolaient son âme affligée. Nous ne pouvons vous mener, N. T. C. F., dans tous les lieux où l'aurore d'un heureux avenir s'est levé sur tant de toits de Trappistes. Après une course déjà trop longue, il faudrait parcourir la France, la Belgique, l'Algérie. Disons seulement, pour congratuler un saint Évêque, si cher à tout le clergé d'Aire, que l'une des dernières fondations de Trappistes s'est faite au diocèse de Belley, dans ces Dombes pleines de fièvres paludiennes que va éteindre le souffle des saints. Ajoutons par reconnaissance pour l'auguste laboureur de nos Landes, qu'on a vu la main qui tient les rênes de l'État remettre pour cette œuvre une aumône considérable, et que, au Plantay comme à Staouéli, toutes les autorités assistaient aux cérémonies de l'installation. La France a donc rayé de son code des lois édictées à une époque qu'il faut effacer de notre histoire. Les Trappistes ont renoué la trame de leurs bienfaits et désormais toujours, Nous l'espérons, ils consacreront, comme par le passé, leurs prières, leurs mérites, leurs travaux, à la sanctification des âmes, à la prospérité de la patrie.

Bienheureux le diocèse où l'Ange qui le protége relève les masures de quelque vieux monastère. Bienheureux le peuple qui peut étudier chaque jour, dans la vie des Moines, sa religion, la science du salut, tous les devoirs, toutes les vertus de la vie chrétienne Eh bien ! N. T. C. F., toutes ces félicités, vous les trouverez sous la tente que ces enfants de la solitude vont dresser à Divielle. De tous nos monastères délabrés, c'est encore celui qui avait le mieux résisté aux injures du temps et des hommes. C'étaient des enfants de Saint-Norbert qu'il avait abrités durant six siècles. Un religieux de cet ordre, qui était devenu Évêque du Couserans, le fils du vicomte de Dax, nommé Navarre, avait fondé cette Abbaye. C'est donc un enfant des Landes qui avait attaché cette perle précieuse à la couronne de son Église natale, et Nous ne trouvons guère que des noms du pays dans le catalogue des abbés de Divielle. Ce sont les Tartas, les Labatut, les d'Albret, les de Foix, les Castelnau, les Pardaillan, les Baillenx, les Poyanne. Son nom est ineffable, Divielle, *Deï Villa*, la maison de plaisance de Dieu. De tout temps, Marie en fut la patronne ; mais est-elle venue à Divielle avant ou après que la *Mère des lis* se fut assise sur sa colline de Maylis, dans cette même Chalosse que la Vierge favorise de ses antiques dilections? Jusqu'à l'époque de nos grands malheurs, tous les seigneurs des environs demandaient une tombe à Divielle ; Dax y conduisait ses plus illustres décédés, et son cloître et sa chapelle étaient pavés de pierres sépulcrales. Tout ce que Nous avons dit des sites enchantés choisis par les Moines, se trouve réalisé à Divielle. Le monastère est là, en effet, sur une douce pente, au fond de la vallée, au milieu de belles fontaines, sur les bords du Louts, tout près de l'endroit où il se jette dans l'Adour. Il a sa colline, du haut de laquelle le pèlerin de Divielle aperçoit à ses pieds Buglose et Saint-Vincent-de-Paul, plus loin la cité de Dax, avec les hauteurs qui la dominent, plus loin encore les Pyrénées avec leur manteau de neige, enfin, dans tout le demi-cercle que partage le point où finit le jour, des forêts de sapins, parsemées de clochers, de villages, de hameaux, qui étendent jusqu'à l'horizon une surface verte comme la mer qu'on entend la nuit gronder là-bas, quand le vent vient à Divielle de la région du désert. Le temps avait effeuillé la couronne de nos monastères, et, comme la rose desséchée, chaque feuille tombée à terre exhale encore un parfum céleste. La fleur que Nous admirons n'était pas encore entièrement fanée. Elle reprend sa beauté toujours ancienne et toujours nouvelle. Elle va briller au front de l'Église d'Aire et de Dax, dans la couronne de ses Pontifes, et désormais Notre-Dame de Divielle bénira sans fin les générations Landaises qui passeront par les mêmes chemins que Nous aurons bientôt fini de parcourir. Aidez-Nous, N. T. C. F., à en rendre mille et mille actions de grâces à Dieu, à Marie Immaculée, aux Anges qui pleuraient, tout en veillant sur ces ruines, et à l'Ange de la terre dont la douce et sainte mémoire restera parmi nous en bénédiction éternelle.

Nous, Prêtres des Landes, dont les demeures sont presque toutes isolées comme des ermitages. Nous qui vivons au milieu d'une population clairsemée, dans l'abandon des hommes et quelquefois même des amis, Nous irons apprendre chez nos Trappistes à aimer, à sanctifier notre solitude. Nous savons déjà par l'Écriture tout ce que Dieu y tient en réserve. C'est au désert que Jésus-Christ a promulgué ses béatitudes. C'est au *désert que germent les lis* (1), *que Dieu nous dresse une table* (2), *qu'il nous rassasie de pain* (3), *qu'il nous donne ses préceptes et qu'il nous manifeste ses jugements* (4). C'est au désert qu'il attire les saints pour *leur parler au cœur* (5), et aussi les pécheurs *pour les briser comme le cèdre et les faire trembler comme le faon de la biche* (6). Qui nous donnera donc *les deux ailes du grand aigle* dont parle Saint-Jean, *pour voler au désert ?* (7)

O nos Pères, que Nous appelons de tous nos vœux, vous ne connaissez pas encore les plages qu'arrosent le Louts et l'Adour, et Nous vous apprenons que Divielle est plein de solitude, de repos et de paix (8). Quand, au déclin du jour, vous verrez un prêtre des Landes, ou le vieillard qu'il appelle son père, venir soulever le marteau de votre porte, ouvrez-lui ; c'est un frère qui connait comme vous la vie solitaire, mais qui, plus à plaindre que vous, *arrive de la grande tribulation* (9). Il y a plus de pierres d'achoppement dans ses sentiers que dans les vôtres. Laissez-le donc laver à votre fontaine ses pieds poudreux et meurtris. Prêtre comme vous, c'est l'Ange du Seigneur ; laissez-le secouer à votre seuil la poussière de ses ailes. Pour lui le monde est comme pour vous *une terre étrangère* et il n'y *chante qu'en pleurant les cantiques de Sion* (10). Mais c'est ici Jérusalem ; c'est le monde des âmes, le vrai monde pour les justes, et l'autre est en réalité le désert.

Prêtres et fidèles, nous sommes tous ce voyageur du fils de Sirach qui *se détourne un peu de sa route pour approcher ses lèvres altérées de l'eau la plus proche, qui se délasse sous le premier arbre qu'il rencontre, et qui reprend ensuite sa course* (11). Malgré nos devoirs incessants, *Nous ferons un voyage de trois jours, pour aller sacrifier au désert* (12). Nous

(1) Isa. LI. 3. — (2) Ps. LXXVII. 19. — (3) Jerem. XXXI. 2. — (4) Ezech. XX. 11. — (5) Oseæ. II. 14. — (6) Ps. XXVIII. — (7) Apoc. XII. 14. — (8) Isa. LI. 3. — (9) Apoc. VII. 14. — (10) Ps. CXXXVI. — (11) Eccli. XXVI. 15. — (12) Exod. VIII. 27.

irons à Divielle chercher du délassement et de saintes joies. Mais qui de nous donc refuserait d'y acquérir à l'avance un droit d'hospitalité ? Qui ne donnerait de grand cœur son obole à ces pauvres que l'Esprit-Saint nous commande d'assister de préférence à tous les autres? (1) Ils viennent à nous, le bâton à la main, la croix sur la poitrine, le chapelet attaché à la ceinture de cuir qui serre leur bure grossière. Ce sont là toutes leurs richesses. Leur premier soin, ce sera de relever l'autel, de réparer la chapelle où ils prieront le jour et la nuit pour leurs bienfaiteurs. Oh ! si nous avions l'âme ou seulement le cœur qu'avaient nos pères, que de motifs nous y trouverions pour contribuer aux monuments religieux ! Ils disaient que celui qui érige ou relève un monastère, se fabrique une échelle pour monter au Ciel, et de là sans doute le nom d'Escale-Dieu que portait un monastère placé à la source de notre Adour. Ne craignez pas, N. T. C. F., qu'ils viennent imposer au pays un tribut annuel. Une fois établis, loin de nous demander, ils nous rendront avec usure ce que nous leur aurons prêté pour les premiers frais d'installation. Ce ne sont pas même eux qui vous implorent ; c'est Nous qui sollicitons vos aumônes, à l'exemple de tous les Évêques qui ont eu le bonheur de fonder un pareil monastère dans leurs diocèses. Vos sympathies pour un établissement de Trappistes à Divielle se sont déjà manifestées d'un bout du diocèse à l'autre ; Nous connaissons votre foi généreuse et le temps ne Nous permet plus que de vous adresser cette exhortation de Saint-Paul : *Mes bien-aimés, quant à la dispensation des secours destinés à soulager la détresse des saints, il serait superflu de vous écrire. Je sais le zèle qui vous anime et qui provoquera celui d'un grand nombre. Soyez donc prêts à faire l'offrande que Nous attendons de vous, comme une aumône et non comme un don extorqué à l'avarice. Que chacun donne, comme il l'a résolu en son cœur, non avec tristesse, car Dieu aime celui qui donne avec joie. Dieu est Tout-Puissant pour faire abonder toute grâce en vous et il est écrit du juste qui fait l'aumône : Il a donné aux pauvres, sa justice demeurera dans les siècles des siècles* (2).

(1) Gal. VI. 10. — (2) II. Cor. IX.

A CES CAUSES,

Après en avoir conféré avec nos vénérables Frères, les Doyen, Dignitaires et Chanoines de notre Chapitre cathédral,

Nous avons ordonné et ordonnons ce qui suit :

Article 1er.

Nous accueillons avec amour et reconnaissance les Moines de Citeaux, dits Trappistes, que le Révérend Père abbé de Melleray, en Bretagne, envoie à Divielle, en notre diocèse. Nous les autorisons à user de tous les priviléges, et Nous accordons aux Religieux Prêtres tous les pouvoirs dont ils jouissent dans les autres diocèses de France, où existent des maisons de leur ordre.

Article 2.

Nous renvoyons l'inauguration solennelle que Nous avons l'intention de faire de la chapelle et du monastère, à l'époque où l'établissement aura subi des réparations indispensables et appropriées à sa nouvelle destination.

Article 3.

Le dimanche 14 novembre, fête de la dédicace de toutes les églises, une quête sera faite dans toutes les églises et chapelles publiques de notre diocèse, pour subvenir aux premiers frais d'installation des Trappistes, à Divielle. Le produit des quêtes et des dons volontaires sera envoyé à l'Évêché par les voies ordinaires, dans le plus bref délai possible.

Article 4.

Dans la lecture du présent Mandement, Nous ne prescrivons comme obligatoires que l'exorde et le troisième point, avec le dispositif, tout en laissant chacun libre de lire les deux premiers points. Cette lecture se fera le dimanche 7 novembre.

Donné à Aire, en notre Palais épiscopal, sous notre seing, le sceau de nos armes et le contre-seing de notre Secrétaire, en la fête Saint-Hilarion, 21 octobre 1869.

† LOUIS-MARIE, Év. d'Aire et de Dax.

Par Mandement :

SOULÉ, Chan., Secr. gén.

www.ingramcontent.com/pod-product-compliance
Lightning Source LLC
Chambersburg PA
CBHW060626050426
42451CB00012B/2453